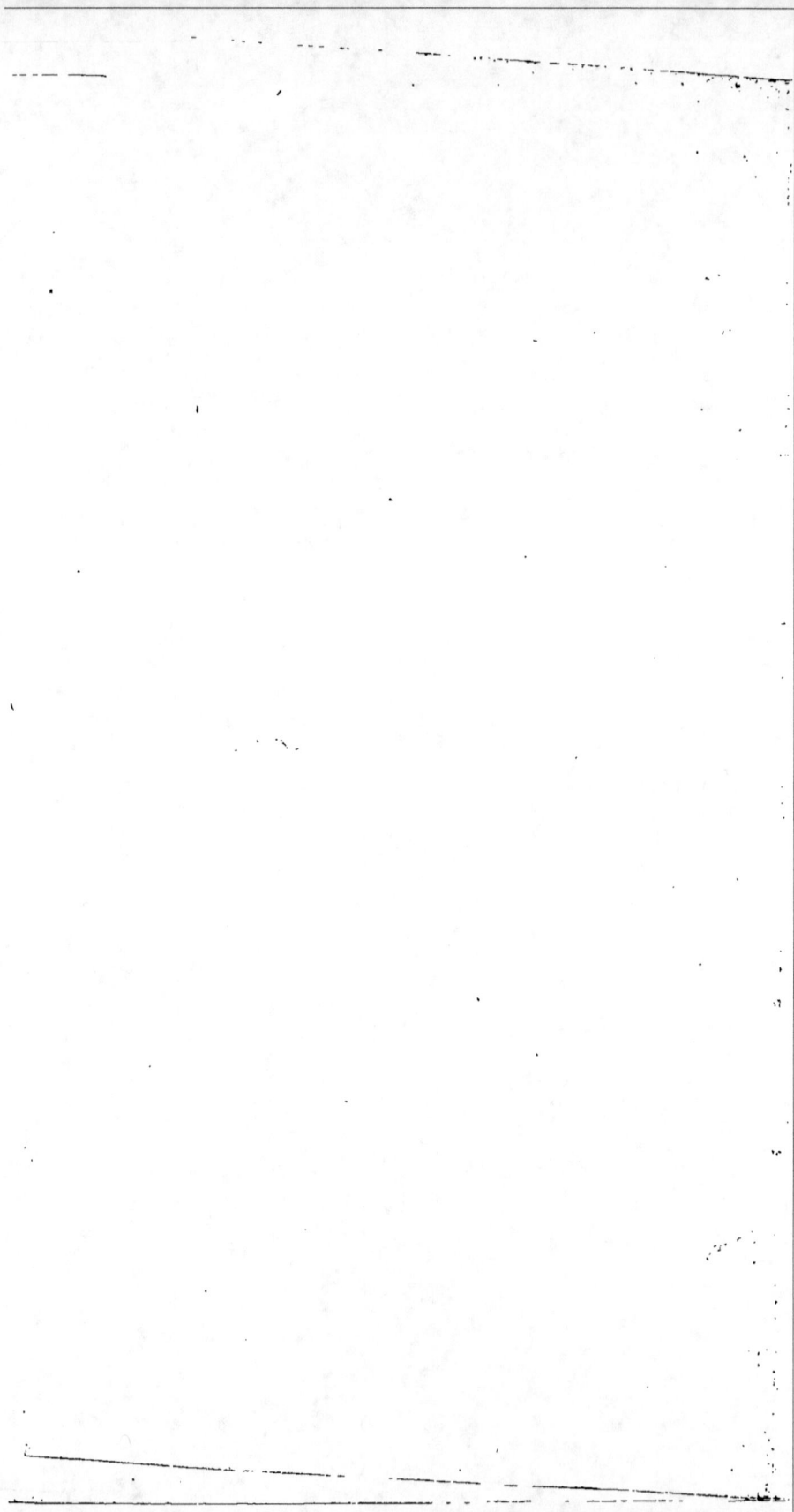

LE VICOMTE

ARMAND DE MELUN

PAR

MICHEL CORNUDET

PARIS

LIBRAIRIE POUSSIELGUE FRÈRES

RUE CASSETTE, 27

1877

LE VICOMTE

ARMAND DE MELUN

PARIS. — Impr. J. CLAYE. — A. QUANTIN et Cᵉ, rue St-Benoît. [1661]

LE VICOMTE

ARMAND DE MELUN

PAR

MICHEL CORNUDET

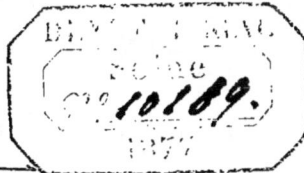

PARIS

LIBRAIRIE POUSSIELGUE FRÈRES

RUE CASSETTE, 27

1877

Le 26 juin 1838, le vicomte Armand de Melun écrivait à Mme Swetchine : « J'ai résolu de consacrer toute ma vie à faire à mes frères tout le bien qui sera en mon pouvoir, mettant à leur disposition tout ce que j'ai de forces et de temps. » Le 31 mai dernier, quelques semaines seulement avant de mourir, alors qu'il se sentait déjà gravement atteint, il écrivait à un ami : « Il faut bien accepter sans murmure ce que le bon Dieu nous envoie, et s'il me condamne à l'immobilité, j'espère qu'il me laissera assez de langue et de plume pour me permettre de faire un peu de bien jusqu'à la fin. »

Entre ces deux dates, 1838 et 1877, la vie de M. de Melun se confond, pour ainsi dire, avec l'histoire du mouvement charitable qui a prouvé là ce siècle positif et qui se croit sceptique, l'inépuisable fécondité de l'Église. Son nom évoque tout un faisceau de bonnes œuvres, et quand la nouvelle de sa mort a été connue, la consternation a été générale, chez les riches qu'il avait guidés dans la voie du bien, comme chez les pauvres qu'il secourait et assistait. On l'a bien vu à la foule qui se pressait à ses funérailles.

Nous voudrions faire connaître quelques traits de la vie de cet homme de bien. Mais en compulsant les documents qu'une main pieuse a bien voulu mettre à notre disposition, nous avons compris plus que jamais notre insuffisance, et nous éprouverions le besoin de nous excuser auprès du public, si nous ne nous sentions encouragé dans notre tâche par la pensée que les actes de M. de Melun parleront plus que nous-même et aussi par la tendre et respectueuse vénération que nous inspire cette chère mémoire.

Ce 8 septembre 1877.

Armand de Melun naquit à Brumetz, dans le département de l'Aisne, le 24 septembre 1807. Sa famille était d'ancienne noblesse et avait déjà donné à l'Église et à la France plus d'un serviteur utile et fidèle. Elle avait mêlé son nom à la plupart des événements mémorables de notre histoire et arrosé de son sang tous les champs de bataille. En terre sainte, Guillaume de Melun, surnommé le charpentier à cause de la force de son bras, s'était signalé par des exploits presque fabuleux. Adam de Melun avait pris une grande part à la victoire de Bouvines, et saint Louis estimait Simon de Melun comme un de ses plus vaillants chevaliers. Dans des temps plus rapprochés et sur un autre terrain, Anne de Melun s'était montrée la digne héritière de ces illustres guerriers; elle avait quitté la cour de Louis XIV pour se faire la servante des pauvres et était

apparue en Anjou comme l'image vivante de la
charité.

Élevé dans le culte de ces grandes traditions,
Armand de Melun reçut d'un père et d'une mère
qu'il a eu le bonheur de conserver et d'entourer de
soins affectueux presque jusqu'à l'âge mûr, une
éducation forte et chrétienne. Le grand acte de la
première communion fit sur lui une profonde et
salutaire impression : « A ce moment, disait-il plus
tard, le voile de l'enfance se déchira ; le monde, qui
était pour moi une terre de jeu et de distraction,
m'apparut réellement pour ce qu'il était, le lieu de
l'épreuve dont nous aurons à rendre compte, et je
commençai à prendre au sérieux cette vie que
venait de sanctifier la présence de Dieu. » L'année
qui suivit sa première communion, Armand de
Melun fut placé par ses parents au collége Sainte-
Barbe, aujourd'hui collége Rollin. Ceux qui ont lu
les *Lettres à un ami de collége*, ne seront pas surpris
que son séjour à Sainte-Barbe ait inspiré plus tard
à M. de Melun les lignes suivantes : « Si nous y
avançâmes à grands pas dans le domaine littéraire
et scientifique, notre âme n'était pas aussi bien
traitée que nos intelligences, et nous étions bien
loin des exemples et des leçons de Saint-Sulpice...
Les professeurs avaient plus de science que de
piété. Celui de rhétorique, — depuis proviseur fort

distingué dans un des principaux colléges univer-
sitaires, — ne se donnait pas la peine de dissimu-
ler, en pleine chaire, ses préventions anticatho-
liques ; en commentant les *Oraisons funèbres* de
Bossuet et en nous en faisant remarquer les beau-
tés, il avait soin de nous dire qu'il recommandait
les idées et le style à notre admiration, mais ne
prétendait pas nous vanter les croyances surannées
dont l'évêque de Meaux était l'interprète. »

Armand de Melun connut à Sainte-Barbe le jeune
Charles de Montalembert, de trois ans seulement
plus jeune que lui. S'il n'y eut pas entre eux cette
profonde et inébranlable tendresse qui unit Montalembert à celui qui fut par-dessus tous l'ami de son
enfance, du moins Armand de Melun contracta dès
lors avec le grand orateur catholique une amitié
que développèrent plus tard les services rendus en
commun à la cause de l'Église et de la charité.

Il était, du reste, entré à Sainte-Barbe avec son
frère jumeau. L'étroite intimité qui régnait entre
les deux frères, dont la ressemblance était si grande
que pendant leurs premières années leur mère seule
pouvait les distinguer, fut pour eux, en même
temps que le plus doux charme de leur vie, la plu
précieuse sauvegarde de leur foi et de leurs mœurs.

Au sortir du collége, Armand de Melun fit son
droit, et, de son côté, son frère se préparait à

1.

l'École polytechnique. Armand avait conservé par écrit le souvenir de ces années de sa jeunesse : « Nous avions, dit-il, pour mentor une vieille bonne qui avait soigné l'enfance de ma mère et celle de toute la famille. Échappés du collége sans avoir été présentés à personne, nous n'avions, pour nous protéger contre la mauvaise influence de Paris, que nos cours de droit, de littérature, de physique et de mathématiques, faible rempart contre les entraînements de la jeunesse et les nombreux piéges semés sous nos pas. Mais nous étions possédés d'un grand amour du travail, qui détourne des folles idées et des distractions malsaines. En dépit de l'éducation antireligieuse du collége, nous allions à la messe ensemble, nous ne nous quittions jamais en dehors de nos cours de natures différentes, et nous n'avions d'intimité qu'avec très-peu de jeunes gens de notre âge ; notre profonde affection de jumeaux nous suffisait. Sans trop en avoir la conscience, nous nous servions mutuellement d'ange gardien. Il y avait, dans ce lien plus que fraternel, quelque chose de pur et en quelque sorte sacré. L'un de nous deux n'aurait jamais osé proposer à l'autre une mauvaise action, et l'irrégularité de la vie n'aurait pas été possible sous le toit qui nous abritait tous les deux comme le sanctuaire de la famille. »

Son droit terminé, Armand de Melun se disposait
à entrer dans la magistrature, pour complaire à ses
parents, lorsqu'éclata la Révolution de Juillet, qui
le détourna tout à fait des carrières officielles pour
lesquelles il ne ressentait qu'un goût médiocre.
Mais la retraite n'était pas pour lui l'oisiveté. Durant
les longs mois qu'il passait alors à la campagne, le
travail absorbait la plus grande partie de son temps.
Instruit et distingué de sa personne, doué d'une
plume facile et du talent de la parole, Armand de
Melun eût pu se créer dans le monde politique ou
dans celui des lettres une place remarquée. Il choi-
sit ou plutôt Dieu lui donna un autre rôle.

Il y avait alors à Paris une femme éminente par
l'esprit et par le cœur. Convertie à la foi catholique, elle avait toute l'ardeur des néophytes, et
l'élévation de son intelligence faisait d'elle un
guide sûr, en même temps que sa grande bonté
attirait les cœurs vers elle; nous avons nommé
Mme Swetchine. Armand de Melun lui fut présenté,
et tout d'abord elle s'éprit d'une tendre affection
pour ce jeune homme distingué et dévoré de la
sainte ambition du bien. Chaque jour, pendant qu'il
était à Paris, Armand de Melun allait rendre visite
à sa pieuse amie qu'une santé délicate retenait
presque constamment au logis. Là, dans de longues
conversations, le jeune homme venait s'instruire

et se fortifier dans le goût du vrai et du bien. Et quand l'éloignement interrompait ces causeries, elles changeaient de forme et se continuaient par lettres. M. de Falloux a publié celles de Mme Swetchine. Il nous a été permis de parcourir les réponses de M. de Melun. Dans les unes comme dans les autres, il y a tout à la fois le charme d'une correspondance entre un fils et une mère, et celui d'un entretien entre deux amis au cœur le plus tendre et à l'esprit le plus vaste et le plus élevé. Chez M. de Melun, il y a plus de confiant abandon ; ses lettres sont comme le compte rendu de sa vie, de ses études, de ses projets, de ses jugements, et la simplicité de la forme épistolaire n'exclut ni l'élévation et parfois l'éloquence des pensées, ni le fini de certains tableaux. Chez Mme Swetchine, c'est la sollicitude d'une mère, ou, comme elle le lui disait elle-même, la tendresse « d'une de ces bonnes qui donneraient à leurs enfants toutes les indigestions du monde, si on les laissait faire. »

Ce que l'âme de M. de Melun gagna à ce commerce, il est facile de le comprendre. Mme Swetchine lui rendit cependant un service encore plus grand. Elle le mit en relations avec la sœur Rosalie, et ce fut ce qui décida sa vocation. M. de Melun a raconté lui-même sa première entrevue avec la pieuse fille de Saint-Vincent de Paul. Ce récit, qui nous a été communiqué, mérite d'être conservé :

« Un jour que nous nous étions longtemps entretenus (avec Mme Swetchine) des créations merveilleuses qui sont nées de la foi et de la charité, elle vint à me parler de la sœur Rosalie qui, dans le quartier Saint-Médard, le plus pauvre et le plus abandonné de Paris, était devenue la providence de tous les malheureux et y exerçait avec une puissance incomparable et un incroyable succès l'empire de la charité. Chose singulière, je puis dire que jusque-là je n'avais jamais visité un pauvre, je ne connaissais que ceux qui m'avaient tendu la main dans la rue; les autres, à la campagne, étaient secourus par ma famille et venaient chercher leur pain et les médicaments à la maison. Quand ils étaient malades, ma mère et mes sœurs allaient les voir, je n'avais pas à m'occuper d'eux. Quant à ceux de Paris, je m'en étais remis jusque-là à l'Assistance publique et aux Bureaux de bienfaisance du soin de les connaître et de les soulager; je donnais quelques pièces de monnaie à la quête de ma paroisse, quelques sols, pas beaucoup, aux mendiants que j'avais en grande suspicion, et ma plus grosse aumône avait été, s'il m'en souvient bien, les 20 francs que m'avait coûté un billet pour le bal de l'Opéra que le roi Charles X avait fait don-

ner pour rendre un peu moins dur aux malheureux
le terrible hiver de 1829... Dans la disposition
d'esprit où j'étais, cette vie de la sœur Rosalie au
milieu de ces pauvres me frappa comme la révéla-
tion d'un monde inconnu qui m'attirait, et je
demandai à Mme Swetchine le moyen d'arriver jusqu'à elle. Rien n'était plus simple, et il n'est pas
besoin de lettres d'audience pour être reçu par une
sœur de charité. Cependant, comme celle-ci était,
plus qu'une autre, assaillie de visites et accablée
de toute espèce d'importuns et de solliciteurs, il fut
convenu que, le jour suivant, Mme Swetchine me
donnerait une lettre d'introduction auprès de la
supérieure de la rue de l'Épée-de-Bois, lui annon-
çant ma bonne volonté et mon grand désir de devenir un de ses auxiliaires et de ses serviteurs. Le
lendemain, muni de ma lettre, je m'acheminai
vers le triste quartier de Saint-Médard, non sans un
certain battement de cœur, excité par la curiosité
et aussi par la nouveauté du monde que j'allais
voir et la tristesse des spectacles qui m'attendaient.
Il me semblait que j'allais entrer comme dans une
grande salle d'hôpital, assister à toute espèce d'opé-
rations et rester stupéfait et tremblant devant l'ex-
position de si grands maux et de telles misères. A
dater du Panthéon, la route qui y conduit n'était
pas brillante et j'eus quelque peine à découvrir,

dans un angle de la rue Mouffetard, la toute petite
rue de l'Épée-de-Bois. Je dus, en y entrant, tra-
verser le marché des Patriarches, où je ne vis pour
marchands que des chiffonniers et pour marchan-
dises que des guenilles, et j'arrivai, en société de
deux ou trois pauvres, à la maison de secours que,
depuis plus de vingt ans, desservait et habitait
comme supérieure la sœur Rosalie. Tout était nou-
veau pour moi, le quartier, le bureau de bienfaisance et aussi la vie et les fonctions des sœurs de
la charité. On n'apprenait pas tout cela au collége ;
je ne m'en occupais guère en faisant mon droit, et,
depuis que je connaissais Mᵐᵉ Swetchine, je m'étais
surtout attaché à la grandeur théorique de la reli-
gion, j'avais plus parlé qu'agi. Au nom de Mᵐᵉ Swetchine, la sœur Rosalie me reçut presque aussi bien
que si j'avais été un pauvre ; mais elle était habi-
tuée à voir venir ces vocations d'apôtres et de
diacres que la curiosité inspirait plutôt que la foi
et qui se retiraient à la vue peu attrayante de la
misère. Elle eut la mauvaise pensée, comme elle
me l'avoua en riant plus tard, que je pourrais bien
être de ces amateurs. Elle résolut donc de me
soumettre, dès le premier jour, à une sérieuse
épreuve, et me mettant quelques bons de bouillon,
de viande et de cotrets dans la main, elle me
donna une sœur pour me conduire, m'indiqua trois

ou quatre ménages des environs et me chargea de
les voir, de les servir et surtout de les consoler. Je
devais au retour lui rendre compte de mes obser-
vations et de mes courses. »

Voici donc Armand de Melun parti pour sa première excursion charitable, sous l'égide d'une
bonne sœur « à la voix énergique, mais au cœur
d'or. » La première maison dans laquelle il monta
ne différait guère de ses voisines que par plus de
misère encore. « Sur un lit sans matelas, et sous
une mince et sale couverture, était couché un
pauvre homme encore jeune, à la face blême, aux
pommettes rouges, respirant à grand'peine et que
dévorait une fièvre ardente, conséquence d'une
fluxion de poitrine arrivée à sa dernière période ;
autour de son lit, trois petits enfants jouant et
pleurant, tandis que sa femme, à l'air maussade, à
la figure renfrognée, se lamentait sur son abandon
et semblait disposée à accuser la maladie du pauvre
mourant de sa misère. » Lorsque le charitable
envoyé de la sœur Rosalie arriva dans ce pauvre
logis, le médecin venait de déclarer à la femme
qu'il n'y avait pas grand'chose à faire et le malade
lui-même, en tendant la main au visiteur inconnu,
semblait, de son regard triste et doux, vouloir lui
dire un dernier adieu. Le premier effet de la visite
d'Armand de Melun fut de faire consentir le malade

à prendre une potion qu'il avait refusée depuis le matin. Le second fut de calmer la mauvaise humeur de la femme qui pleura au nom et au souvenir de la sœur Rosalie, et aussi, bien que M. de Melun ne l'ait pas dit, à la parole douce et encourageante du visiteur. Dieu, sans doute pour récompenser la bonne volonté du coadjuteur volontaire de la sœur Rosalie, permit que le malade guérît et devînt par la suite l'humble et fidèle auxiliaire de l'*œuvre de la miséricorde*.

D'autres visites chez d'autres misères formèrent vite le nouvel ouvrier de la charité, et la sœur Rosalie comprit qu'elle n'avait point eu affaire à un « amateur ».

Nous nous sommes étendu à dessein sur ce début charitable d'Armand de Melun. C'est que le moment où Dieu donne à un homme l'intelligence du pauvre est un moment solennel et qui fixe une vie. Du jour, en effet, où, par l'intermédiaire de Mme Swetchine, Armand de Melun eut connu la sœur Rosalie, il se fit le serviteur volontaire des bonnes œuvres et des pauvres. Il s'y dévoua avec une activité que ne parvenait pas à arrêter une santé délicate, obligée souvent à bien des ménagements.

« Les salons, nous dit un de ses amis qui a bien voulu nous donner quelques notes sur la vie de M. de Melun à cette époque, les salons étaient

devenus, pour ses œuvres charitables, une sorte de
succursale de son cabinet ; et aucun moment
n'était perdu, même dans le monde, pour le but
de sa vie. Il trouvait d'ailleurs à l'attitude qu'il
avait prise tout d'abord un grand avantage : ses
principes étaient connus, et la charité, dont il était
comme l'incarnation, faisait respecter ses croyances.
Il allait assez souvent chez la vieille marquise
d'A..., qui réunissait à sa table des convives fort
spirituels et fort amusants, mais pas toujours aussi
édifiants. Elle avait choisi pour ses dîners le
samedi qui était alors un jour maigre ; bien que
dans la maison on songeât peu aux commande-
ments de l'Église, chaque fois qu'Armand de Melun
y dînait, quelques plats maigres étaient ajoutés au
repas à son intention spéciale. Ailleurs, les conversations scandaleuses cessaient dès qu'on voyait
entrer ce jeune chrétien qu'entourait l'auréole de
la charité. »

Du reste, avons-nous besoin de le dire? Armand
de Melun puisait dans la piété sa principale force.
Mme Swetchine le lui disait au moment où il abor-
dait la vie des bonnes œuvres, et ceux qui suivent,
ne fût-ce que de loin, la même voie, ne sauraient
trop souvent se répéter à eux-mêmes cette recom-
mandation :

« Entre la foi religieuse et la charité des bonnes

œuvres, qui, sous l'impulsion de la foi, révèle toute la bonté du cœur, entre ces deux puissances d'une trinité sainte aussi, il y a un élément auquel il faut faire place, un élément qui n'est ni la foi raisonnée, ni la charité extérieure, mais le foyer des deux autres, leur source, leur mobile et leur récompense; c'est la piété, qui rend Dieu sensible au cœur et concentre en elle-même son immense amour... Lisez donc, mon cher ami, lisez saint Vincent de Paul, lisez-le pour vous approprier son action et vous conformer en tout à ses exemples, mais lisez aussi quelques autres livres des grands maîtres de la vie spirituelle qui vous feront pénétrer dans les adorables mystères de la conduite de Dieu sur les âmes; auprès des pauvres, des malades, cette instruction pratique vous sera très-utile. »

Avec un guide tel que la sœur Rosalie et muni de l'arme puissante de la piété, Armand de Melun ne tarda point à devenir lui-même un maître, et nous n'avons plus qu'à le suivre dans cette vie nouvelle. Dieu seul connaît tout le bien qu'il y a fait; mais la simple énumération des œuvres qu'il fonda, ou auxquelles il prit part, a son instructive éloquence.

Au moment même où Mᵐᵉ Swetchine introduisait M. de Melun auprès de la sœur Rosalie, un ami d'Armand, M. Wilson, qui avait dévoué sa vie à la littérature et aux œuvres catholiques, le fit entrer dans la société des *Amis de l'enfance*. L'œuvre avait pour but d'élever de jeunes orphelins en les plaçant à ses frais dans différents établissements. Fondée par un pauvre petit libraire du quai des Augustins et par sa pieuse mère, elle était alors à son début. L'arrivée de M. de Melun, les amis qu'il y attira, les sympathies qu'il sut lui procurer, donnèrent de suite à l'œuvre plus d'importance et de développements.

Cependant, tout en consacrant de grands efforts et un grand dévouement aux progrès de cette œuvre, M. de Melun, avec son esprit pratique et son grand bon sens, fut frappé de ce que, par son but un peu restreint, par des résultats peu en rapport avec son budget considérable, elle offrait d'insuffisant. Tout en approuvant, dans certaines circonstances exceptionnelles, l'éducation de l'internat pour les enfants du peuple, il pensait que le patronage qui les laisse dans le milieu où Dieu les a fait naître et où ils doivent passer leur vie, est préférable pour la masse.

Il y voyait en outre l'avantage de pouvoir étendre l'influence bienfaisante de la charité sur un plus grand nombre. Les faits lui ont donné raison ; mais on voit par sa correspondance et par ses notes qu'il eut à lutter et contre des habitudes prises et contre des idées préconçues.

Dieu lui donna, pour l'accomplissement de cette pensée féconde d'où est sortie l'*Œuvre des apprentis et des jeunes ouvrières,* d'admirables auxiliaires dans les frères des écoles chrétiennes et les filles de la charité. M. de Melun a raconté, dans un rapport qui porte la date du 14 janvier 1875, les origines de l'œuvre et les résultats accomplis par trente années de charitables travaux; nous ne pouvons mieux faire que de le laisser parler; le lecteur suppléera ce que le rapporteur a cru devoir taire sur la part personnelle qui lui revient dans cette fondation :

« Il y a trente ans, à la demande de quelques hommes de bonne volonté, le frère Philippe, de grande et sainte mémoire, convoquait à la maison mère tous les directeurs des écoles chrétiennes de la ville de Paris.

« A cette réunion on représenta les dangers qui assaillaient l'enfant après sa première communion, lorsqu'il quittait la classe pour l'atelier et d'écolier devenait apprenti, et comme, en bien peu de temps, dans le milieu où il était destiné à vivre, il perdait toute tradition, toute habitude religieuses, toute trace des enseignements qu'il avait reçus dans l'église et dans l'école, et on proposa aux

2.

frères d'entreprendre une œuvre qui, par le choix
des maîtres, les conditions de l'apprentissage et
surtout par les réunions du dimanche, ferait cesser
cet abandon de la jeunesse ouvrière, et continuerait
pour elle la protection et la bonne influence qui
avaient préservé du mal ses premières années.

« La proposition fut accueillie avec faveur, et
comme quelques-uns, en approuvant l'idée, s'ef-
frayaient un peu de l'exécution et demandaient
comment ils parviendraient à attirer ou à retenir
ces jeunes gens si amoureux du plaisir, si épris de
leur indépendance, en comparant ce que pouvait
leur offrir une maison de frères avec les distractions plus ou moins licites qui les attendaient au
dehors : « L'œuvre est excellente, répondit le supé-
« rieur général, elle est nécessaire et doit être faite ;
« travaillez donc tous avec énergie et persévérance à
« sa fondation, et dans trois mois vous viendrez nous
« dire ce que vous avez fait et les résultats que vous
« aurez obtenus. »

« A la date indiquée, les frères directeurs se
trouvaient à la maison mère et présentaient au
frère Philippe leurs rapports ; ils avaient fait à
leurs anciens élèves un appel qui avait été entendu.

« L'œuvre était fondée dans trois arrondisse-
ments et en voie de formation dans plusieurs
autres. La même année, à Notre-Dame, le père de

Ravignan la recommandait, avec sa parole d'apôtre, en prêchant un sermon de charité pour elle; le père Pététot, alors curé de Saint-Roch, recueillait dans son église des souscriptions en sa faveur, et Mgr l'archevêque de Paris en acceptait la présidence d'honneur.

« Sous un tel patronage, chaque année vit naître des fondations nouvelles, et bientôt l'œuvre s'étendit à presque tous les quartiers de Paris...

« Aujourd'hui, ajoutait M. de Melun dans son rapport, 2,527 jeunes gens composent vingt associations; une nouvelle vient d'être créée et plusieurs sont en voie de rétablissement ou de fondation. Les résultats acquis dans les associations sont de ceux qui consolent et qui encouragent. Au milieu des exemples dangereux et des excitations malsaines, dans les ateliers dont le moindre mal est d'assimiler l'enfant à une machine, sous la détestable influence d'une littérature corrompue qui, sous toutes les formes, attaque les croyances et les mœurs, des jeunes ouvriers donnent l'exemple de l'exactitude et du recueillement à l'église, de la bonne tenue et de la convenance dans leur manière d'être, de l'assiduité au travail, de l'obéissance à leurs maîtres, de l'affection chrétienne envers leurs compagnons. A l'âge où l'indépendance a tant de charmes et les faux plaisirs tant d'attraits, ils se soumettent volontairement à la discipline et aux lois de leur Société, complètent leur instruction dans les écoles du soir, et aux grandes solennités de l'Église vont s'asseoir ensemble à la table sainte. Tout cela s'obtient en n'enlevant à leur atelier, à leur famille, que le temps qui se perdrait en travaux défendus et accablants pour leur âge, ou se dissiperait en distractions inutiles et souvent coupables, et en n'intervenant dans leur destinée que pour associer la pensée de Dieu et le respect de ses lois saintes à leur travail, à leurs jeux, à leur vie de tous les jours. »

Mais l'œuvre des apprentis aurait été incomplète si elle avait borné son action à la protection des jeunes garçons qui peuplent les ateliers. Les jeunes filles, sorties des écoles des sœurs, placées en apprentissage après leur première communion, n'avaient personne pour les protéger et les défendre, et cependant le besoin de protection n'était-il pas plus grand encore pour elles que pour les jeunes gens? M. de Melun le pensa. Mgr de la Bouillerie, alors grand vicaire de Paris, réunit chez lui un certain nombre de dames : M. de Melun leur proposa l'œuvre nouvelle et celles-ci l'acceptèrent. « Commencé, dit le rapport auquel nous avons déjà emprunté ce qui précède, commencé avec une vingtaine d'enfants dans cette maison du faubourg

Saint-Marceau que la sœur Rosalie animait du génie de sa charité, le patronage ne tarda pas à faire son chemin. Énergiquement protégé par le père Etienne et la supérieure générale des sœurs de Saint-Vincent de Paul, encouragé par la bienveillance de MM. les curés, soutenu par le zèle intelligent des prêtres directeurs et des sœurs, qui comprirent tout ce que l'œuvre pouvait faire pour la persévérance et la continuation du bien commencé dans les écoles, il étendit bientôt son action sur presque toutes les paroisses de Paris et sur un grand nombre de la banlieue. »

En 1875, l'œuvre comptait 90 patronages, protégeait près de 10,000 jeunes filles, et recevait le concours de près de 1,200 dames patronnesses.

Cette œuvre si importante, et dans laquelle l'action intelligente et le zèle d'Armand de Melun avaient été fort remarqués, le désignait pour le conseil de direction que Mgr Morlot institua pour administrer l'*Œuvre de Saint-Nicolas*, lorsque Mgr de Bervanger, qui l'avait créée, la remit entre les mains de l'archevêque de Paris. Le vicomte de Melun fut appelé des premiers à faire partie de ce conseil.

L'éducation chrétienne de la jeunesse ouvrière n'absorbait pas seule le temps et les préoccupations d'Armand de Melun. La sœur Rosalie lui avait appris à visiter le pauvre. Il retrouvait les mêmes leçons au sein du conseil général de la Société de Saint-Vincent de Paul, dont il était membre depuis 1840, et il les a mises en pratique toute sa vie dans une œuvre particulièrement touchante, l'*Œuvre de la Miséricorde*. Lorsque la duchesse de la Rochefoucauld, vieille amie et « pénitente » de Mme Swetchine, ainsi que l'appelait M. de Melun, fit entrer celui-ci dans l'œuvre dont nous parlons, cette œuvre existait déjà depuis quelques années. Elle avait été fondée par une sainte fille, Mlle du Martray, pour venir en aide aux familles que les révolutions ou les accidents divers de la vie avaient fait déchoir d'une position fortunée, et dont la misère était d'autant plus lourde à supporter que leur naissance et leurs habitudes ne les y avaient pas accoutumées. Secourir de pareilles misères est chose des plus délicates, et le discernement n'y est pas moins nécessaire que la charité. M. de Melun, qui fut durant de longues années le secrétaire de l'œuvre, avouait humblement qu' « il paya assez cher plus d'une leçon ». Mais ses rapports prouvent avec quel tact et quel dévouement il s'acquittait de ses charitables fonctions.

La charité active ne suffisait pas à Armand de Melun. La réconciliation de l'Église et du peuple, but sublime qu'il avait entrevu dès sa jeunesse :

que son âge mûr poursuivait, lui paraissait exiger
davantage. Il voulait que les catholiques fissent
dans leur vie une part sérieuse à l'étude des questions charitables, des questions ouvrières.

« Après la révolution de juillet, a-t-il écrit lui-
même dans les notes confidentes de ses dernières
pensées, commencèrent à s'agiter dans certains
esprits audacieux ou chimériques des systèmes sur
l'amélioration du sort du peuple, basés non sur le
christianisme, mais sur certaine doctrine de perfec-
tibilité sociale, de renversement de l'ordre tout
aussi bien dans la propriété que dans le gouvernement, et qui tendaient à produire des révolutions
au nom de progrès impossibles. Le développement
de l'industrie par l'introduction des machines et
aussi par les révolutions politiques avait introduit
de grands changements dans les conditions du
travail, la fixation et la quotité des salaires, les
rapports entre le maître et l'ouvrier ; s'emparant
des difficultés qui naissaient de ces modifications
profondes, improvisées par les événements, des
publicistes en avaient fait des armes de combat
contre la société actuelle ; des théories nouvelles,
sous le nom de socialisme, prétendaient, par l'action de l'État, écarter les injustices, effacer les
inégalités et faire disparaître toute souffrance en
même temps que tout privilége ; leurs plus solides

arguments, leurs plus forts auxiliaires étaient la misère de leurs clients et l'impuissance de la société actuelle à rendre leur vie plus facile et meilleure. Il appartenait au catholicisme, aux hommes de bonne volonté qu'il inspire, d'appliquer leur intelligence à l'étude de ces questions, à la solution de ces problèmes, à la recherche de tous les moyens propres à diminuer la souffrance, à faciliter le travail et à effacer les défiances et les malentendus qui séparent les hommes et les arment les uns contre les autres. »

Ce fut sous cette inspiration que M. de Melun fonda, en 1845, la *Société d'économie charitable*. Celle-ci fut, dès son apparition, favorablement accueillie. Toutes les questions qui se rattachent au sort des ouvriers, des pauvres, des petits de ce monde, ont été, depuis trente ans, étudiées et discutées dans le sein de cette Société, dont le vicomte de Melun a été l'âme jusqu'à l'année dernière. Beaucoup des projets adoptés par elle ont été plus tard convertis en lois par les Chambres, et l'élite de la jeunesse catholique a fait à sa modeste tribune ses débuts oratoires. M. de Melun dirigeait ces pacifiques débats avec une aménité, une mesure, un tact, que n'oublieront jamais ceux qui ont eu la bonne fortune d'assister à ces réunions.

A peu près dans le même temps, M. de Melun

créait un recueil qui, destiné à servir d'organe de publicité à la Société, devait donner des renseignements sur les œuvres et les faire connaître. Ce recueil, connu d'abord sous le nom d'*Annales de la charité*, s'est appelé ensuite la *Revue d'économie chrétienne*, et est devenu aujourd'hui le *Contemporain*.

Les développements de l'instruction, l'influence de la presse, attirèrent l'attention de M. de Melun sur un autre besoin de notre temps, la nécessité des lectures saines et morales. Il avait acquis de l'abbé Mullois, en 1861, le *Messager de la charité*, dont il fit, sous le nom du *Messager de la semaine*, un petit journal hebdomadaire auquel il ne dédaignait pas de prêter une active collaboration. Ce fut encore sur son initiative que fut fondée, en 1862, la *Société des publications populaires*, dont les catalogues, uniques dans leur genre, fournissent tous les renseignements indispensables aux hommes de bien qui veulent fonder des bibliothèques et répandre les bonnes lectures.

Quand, en 1867, commença le grand mouvement qui a abouti à la liberté de l'enseignement supérieur, quelques catholiques dévoués fondèrent la *Société générale d'éducation et d'enseignement* qui se proposait à la fois de travailler à obtenir cette mportante conquête, et de défendre l'enseignement

chrétien à tous ses degrés contre les attaques des
doctrines radicales; le vicomte de Melun fut un
des premiers membres du conseil de cette Société.

Enfin, il était encore vice-président, et très-actif,
là comme partout, de la *Société de secours aux
blessés*. Quand, après la conclusion de la paix, il
fallut faire face à toutes les misères causées par la
guerre et la révolution, M. de Melun devint l'auxi-
liaire le plus dévoué de Mgr Guibert et de Mme la
maréchale de Mac-Mahon, notamment dans l'œuvre
des orphelins de la guerre et de la Commune et
dans celle des fourneaux économiques.

On le voit, — et nous n'avons pu tout dire, — la
charité chrétienne, sous toutes ses formes, n'avait
pas de plus actif auxiliaire que le vicomte de Melun.
Il semble qu'au début de sa carrière charitable, il
ait eu un instant la crainte de trop embrasser ;
peut-être quelqu'un de ses amis lui en avait-il fait
l'observation. Mais il fut sans doute rassuré par
cette délicate pensée exprimée dans une lettre que
Mme Swetchine lui écrivait en 1838 : « Ne repous-
sez jamais rien, et vous suffirez à tout. Il n'est pas
assez clairement démontré que nous fassions assez
bien une œuvre unique, pour ne pas nous mêler
de toutes celles qui viennent nous chercher. »
Beaucoup vinrent, en effet, chercher le vicomte
de Melun ; il ne les repoussa pas et suffit à toutes.

Malgré tant de bonnes œuvres dont il semble
que sa vie dût être remplie, M. de Melun trouvait
encore le temps d'écrire. Il avait eu toujours le
goût du travail, et dans sa correspondance avec
Mme Swetchine, on voit qu'il méditait des œuvres
considérables. Il entretient à plusieurs reprises son
amie de ses travaux sur la formation des langues
et les rapports des mots avec la pensée, de ses
études approfondies sur le Concile de Trente. Mais,
à cette époque, il redoutait la publicité et profes-
sait une indifférence marquée pour l'opinion :
« Cette indifférence, lisons-nous dans une de ses
lettres du 14 mai 1837, tient de ma part à une
répugnance pour la publicité, qui va toujours s'aug-
mentant, et je suis vraiment mal placé dans un
siècle si fou de la presse, avec ma haine de l'impression; les idées qui vivent en moi, qui chaque
jour se développent, grandissent et se complètent,
me sembleraient mortes le jour où je les verrais
étendues sur une page et scellées dans un livre...
Au reste, en vous donnant ici tous ces motifs de
prévention contre la voie de l'imprimerie, je cède
encore bien moins à une conviction bien arrêtée,
qu'au sentiment sincère et légitime de mon insuffisance... Vous tirerez de tout ceci une conclusion
incontestable, c'est que pour le rôle d'écrivain j'ai
véritablement tout l'opposé d'une vocation. » Il se

trompait en parlant de son insuffisance ; mais vraiment, en pensant à tout ce que la charité eût perdu
si M. de Melun eût consacré sa vie aux gros
volumes qu'il méditait, nous ne nous sentons pas
le courage de regretter qu'ils soient demeurés à
l'état de projet. Cependant, il ne conserva pas toujours la même répugnance pour la presse, heureu-
sement encore pour la charité, dont les ouvrages
qu'il a publiés sont ou l'histoire ou la glorifica-
tion.

Le premier écrit qu'il livra à la publicité fut un
Manuel des œuvres : « Je me fais imprimer demain,
écrit-il à Mme Swetchine le 20 juin 1842, et vous
échappez à une bien belle correction d'épreuves ;
mon petit manuel va enfin sortir de son silence, et
les œuvres auront dans quelque temps un historien ;
il est vrai que leur histoire se ressentira de leur
jeunesse, et elles en sont encore à ces temps pri-
mitifs où la simple chronique se contentait d'enre-
gistrer les morts, les batailles et l'érection des
couvents, sans se permettre un jugement ou une
réflexion ; mais vous verrez que, pour se moquer
un peu de l'immensité de nos intelligences, mon
almanach, dans la nudité de ses chiffres et de ses
adresses, sera plus utile que les superbes volumes
encore cachés au fond de ma science. »

Lorsque la sœur Rosalie mourut, nul mieux

qu'Armand de Melun n'était en position de raconter
cette vie dont il avait été le témoin ; il l'écrivit avec
la tendresse d'un fils qui retrace les vertus de sa
mère. Nous citerons encore parmi ses ouvrages *la
Vie de Mlle de Melun,* fondatrice des hospices de
Baugé et de Beaufort, celle de *la Marquise de Barol,*
l'amie et la protectrice de Silvio Pellico, *une Maison
du faubourg Saint-Marceau* qui parut d'abord dans
les Annales de la Charité et où se trouve l'histoire
d'une jeune aveugle qui fit assez de sensation pour
que Buloz demandât où il pourrait trouver l'auteur
« pour avoir des histoires d'aveugles dans *la Revue
des Deux Mondes* ». M. de Melun publia en outre un
grand nombre d'articles sur des sujets charitables
ou économiques dans les recueils dont nous avons
parlé. En 1860, son dévouement à l'Église lui
inspira d'écrire sur la question romaine et les at-
tentats dont le souverain pontife commençait dès
lors à être victime, une brochure, la première de
celles par lesquelles les catholiques de France pro-
testèrent contre la spoliation du Saint-Siége ; cette
brochure fut remarquée malgré le voisinage redou-
table des éloquents écrits de l'évêque d'Orléans
et de Montalembert.

A ces grandes qualités de son cœur et de son
esprit, le vicomte de Melun en ajoutait une dernière, celle à laquelle il tenait le plus sans doute,

la modestie. Mme Swetchine lui citait, dans une de
ses lettres, la devise du théosophe Saint Martin :
« Le bruit ne fait pas de bien, et le bien ne fait
pas de bruit. » Ce fut bien la devise d'Armand de
Melun : il ne faisait pas de bruit, aussi a-t-il fait
beaucoup de bien. Et on ne tardera pas à voir quel
vide laisse derrière lui, dans tant de bonnes
œuvres, cet homme si doux, si calme, si ennemi
de toute parade.

Une fois seulement sa vie sortit, sans cesser d'être
utile, du cadre modeste qu'il s'était tracé. En 1849,
il fut élu à l'Assemblée législative par le département d'Ille-et-Vilaine. On agitait alors ce qu'on
a appelé les questions sociales. Le vicomte de
Melun s'efforça de les résoudre chrétiennement,
et son influence fut bien vite établie. En effet, dès
que, dans une des commissions de l'Assemblée,
quelque réforme réclamée par les amis des pauvres
était examinée, on pouvait être certain que le
vicomte de Melun avait étudié le projet et ses col-
lègues comptaient sur lui pour le leur expliquer et
le rendre pratique. Mais l'acte le plus important
de sa vie parlementaire fut la nomination par
l'Assemblée, sur la demande qu'il porta et soutint
à la tribune, d'une grande commission d'assistance.

Il en exprimait ainsi sa joie à Mme Swetchine :

« Voilà donc un des grands rêves de ma vie qui se
réalise : j'aurai forcé toutes ces hautes et politiques
intelligences à s'occuper de ces questions qu'elles
dédaignaient, et les pauvres ont maintenant leur
immense place dans les travaux de l'Assemblée. Le
ciel en soit béni! je ne sais ce qui sortira de cette
initiative, et si la société se sauvera, mais au moins
elle aura fait tout ce qu'elle pouvait et par consé-
quent tout ce qu'elle devait faire. »

- Cette initiative ne fut pas perdue, et quelques-
unes des bonnes lois qui suivirent, les lois sur les
logements insalubres, sur les contrats d'apprentissage, sur les monts-de-piété, furent préparées par
la grande commission due à l'influence de M. de
Melun. On ne saurait oublier non plus la part importante qu'il prit à la préparation de la loi de 1850
sur la liberté d'enseignement, loi bienfaisante dont
la génération actuelle ne saurait trop bénir les
auteurs et les préparateurs.

Ce fut pendant qu'il était député qu'à l'occasion
du second anniversaire séculaire de la fondation
de l'hôpital de Beaugé par son illustre parente
Mlle de Melun, Armand de Melun fut invité par les
autorités religieuses et civiles de Beaugé à venir
présider aux témoignages de reconnaissance que la
population avait voulu rendre à la mémoire de la
pieuse bienfaitrice de la ville. L'accueil que M. de

Melun reçut à Beaugé fut une véritable ovation ; on saluait en lui non-seulement l'héritier du nom de Mlle de Melun, mais le digne continuateur de ses vertus et de ses bienfaits. Aussi M. de Melun ne crut-il pas pouvoir refuser l'honneur qui lui fut proposé de représenter le canton de Beaugé au conseil général de Maine-et-Loire. Il resta quelques années membre de ce conseil et ne donna sa démission que pour se consacrer plus entièrement encore aux œuvres qui réclamaient sa présence à Paris.

Rendu à la vie privée par le coup d'État du 2 décembre, le vicomte de Melun, qui n'aimait pas l'Empire et ne voulut jamais aucune fonction publique, ne refusa pas son concours au gouvernement quand on le lui demanda dans l'intérêt des pauvres. C'est ainsi que, lors de la réorganisation des sociétés de secours mutuels, au commencement de l'Empire, le vicomte de Melun fut nommé membre et rapporteur de la commission supérieure de ces sociétés et fut un de ceux qui leur donnèrent le plus d'impulsion.

Après la guerre de 1870 et sous le coup des graves commotions sociales qui suivirent, les amis de M. de Melun se souvinrent des services qu'il avait rendus vingt ans auparavant dans des circonstances non moins critiques et lui demandèrent de se dévouer encore. Il céda à leurs instances et se présenta aux élections du 2 juillet 1871 ; les électeurs ne voulurent pas d'un homme qui ne flattait pas leurs passions, et il échoua. On lui avait présenté la candidature comme un devoir, il avait accepté le devoir ; mais, s'il fut contristé du vent de folie qui passa alors sur le pays, il se consola facilement de son échec personnel.

Une douleur, bien autrement cruelle, ne devait pas tarder à l'atteindre.

Armand de Melun s'était marié tard. Le 2 septembre 1857, il avait épousé Mlle de Rochemore. Cette union, toute selon son cœur, fut bénie de Dieu qui donna à notre vénéré ami deux enfants, une fille et un fils. Mais il semble que Dieu ne les lui eût envoyés que pour purifier encore son âme par le plus dur des sacrifices, et qu'il ne voulût pas lui permettre de répandre sur ses propres enfants les trésors de tendre affection qu'il avait prodigués aux enfants du pauvre. Sa fille d'abord lui fut enlevée au bout de deux ans seulement d'existence. Lorsque peu après un fils lui naquit, il fonda sur lui l'espoir de ses vieux jours ; l'enfant, d'ailleurs, par de précoces qualités d'esprit et de cœur, promettait d'être un jour digne du nom qu'il portait. Voyant son père constamment entouré de pauvres, il avait puisé dans cette atmosphère de charité un incomparable amour pour la pauvreté; tout petit, il se découvrait avec respect en remettant sa modeste aumône dans la main d'un mendiant. Ce fils aussi, Dieu le reprit à M. de Melun en 1872, après une cruelle maladie dans laquelle le pauvre enfant fut admirable de piété et de naïve résignation; il avait à peine dix ans. Quelle fut la douleur de M. de Melun, les pères le comprendront. Sa foi vive le soutint seule dans cette douloureuse circonstance. Jamais il n'eut un instant d'hésitation dans sa soumission à la volonté de Dieu, mais son cœur était brisé et sa santé atteinte. Son zèle pourtant n'en fut pas diminué; il reprit ses œuvres, et l'activité qu'il y déployait pouvait faire espérer que ses amis et les pauvres le conserveraient longtemps encore.

Dieu lui réservait d'ailleurs une dernière occasion de faire le bien et de montrer tout ce que son cœur contenait de courage et de dévouement. M. de Melun était maire d'une petite commune du département du Pas-de-Calais, le village de Bouvelinghem. Il exerçait ces modestes fonctions, moins comme un magistrat que comme un père au milieu de sa famille. Quelle ne fut pas sa douleur lorsque dans les derniers jours du mois de mai 1876, un épouvantable incendie dévora la plus grande partie des maisons de ce pauvre village! « Je ne veux pas, écrivait-il dès le lendemain à un ami, que vous appreniez par les journaux l'effroyable malheur qui vient de frapper ma commune. Le village de Bouvelinghem n'existe plus; sous l'influence de la sécheresse et du vent le plus violent, le feu, en trois heures, s'attaquant à des maisons couvertes en chaume, les a réduites en cendres. Sept seulement restent debout avec l'église, l'école et la maison de ma belle-mère placée un peu en dehors du village. La population est sans asile, sans linge et presque sans pain. Devant une telle catastrophe, j'accepte l'œuvre que m'impose la Providence de réparer ces désastres et de ranimer ces esprits abattus... Je ferai de mon mieux, je vais leur consacrer tout mon temps, tous mes efforts. Un pauvre enfant de douze ans qui se préparait à sa première communion a été trouvé asphyxié, tenant encore à sa main son catéchisme; un pauvre vieillard va mourir de sa brûlure, et notre instituteur s'est jeté dans les flammes pour sauver un malade : il est très-souffrant de son héroïque dévouement. Je voudrais que tous ceux que j'implore puissent voir ces ruines, un village tout entier dont il ne reste que des murs écroulés et des poutres fumantes, personne ne nous refuserait sa pitié et ses secours. Plaignez mes pauvres incendiés, mais ne me plaignez pas d'avoir été appelé par Dieu à un redoublement d'efforts et de sacrifices pour ceux qui pleurent et qui souffrent. »

Cette admirable lettre fut suivie d'efforts non moins admirables. Bien que préoccupé de la santé de Mme de Melun, sur laquelle une si forte secousse avait eu une fâcheuse influence, M. de Melun se mit immédiatement à l'œuvre. Voici comment, dans une lettre du 3 juin, il raconte les premières dispositions prises par lui pour la restauration de son village. « Mon temps s'écoule à travers de tels travaux et de telles préoccupations que vous me pardonnerez mon silence. Après avoir, à force de promesses et de secours, relevé un peu le moral d'une population frappée de stupeur, il a fallu déblayer ce sol enseveli sous des cendres et des ruines et le préparer à recevoir des constructions nouvelles ; je l'ai fait à l'aide d'une compagnie d'infanterie que la maréchale a obtenue du général Clinchamp, commandant le 1er corps d'armée. L'exemple et l'entrain des soldats ont ranimé les esprits abattus et ont rendu ceux qu'ils venaient secourir à la confiance et au travail. Il s'agit maintenant de commencer la reconstruction du village. Les trois ou quatre fermiers s'en tireront, mais le reste, pauvres paysans, n'a que ses bras à m'offrir. Il me faut leur donner sable, chaux, briques, charpente, maçons, couvreurs, et me faire leur entrepreneur général. Grâces à Dieu, les secours arrivent ; les plus petites communes, les plus pauvres ouvriers ont tenu à m'apporter leur obole, et quoique encore bien loin de la somme nécessaire, je puis commencer l'œuvre de réparation. Je vais encore obtenir des maçons et des charpentiers soldats, les ouvriers civils ne pouvant suffire pour construire avant l'hiver trente-six maisons... Plus que jamais j'ai l'espérance de réussir. Il me semble que me voilà sorti du fond de l'abîme, débarrassé de la fumée et du chaos des premiers jours, et lorsque, ces jours derniers, j'ai vu poser la première brique, j'ai entendu le premier bruit de la truelle, j'ai ressenti au fond de mon cœur comme le premier cri de l'enfant qu'on a cru mort et qui annonce son retour à la vie...

« Dans le malheur de mon pauvre pays, la maréchale a été ce qu'elle est toujours, admirable de sollicitude et de charité, et quand nous serons debout, nous devrions lui élever une statue qui figurerait mieux à notre hôtel de ville que celle de la République. »

Quatre mois après la date de cette lettre, l'œuvre entreprise si courageusement était terminée et le village était reconstruit. Dans une circulaire adressée à ses charitables auxiliaires, le vicomte de Melun leur annonçait le succès obtenu. On nous permettra de reproduire en partie ce document, dans lequel le lecteur remarquera sans doute que l'auteur a rendu justice à tous les efforts, les siens exceptés; mais les habitants de Bouvelinghem ne s'y sont pas trompés, ni le bon Dieu non plus.

« Si, disait la circulaire, quelques-uns des visiteurs qui ont parcouru le village de Bouvelinghem le lendemain de l'incendie du 22 mai, sous la plus douloureuse impression, le traversaient aujourd'hui, ils emporteraient de ce second voyage un tout autre souvenir. Au lieu de ce grand espace vide où la place du village n'était plus marquée que par des pans de murs écroulés et des poutres fumantes, au lieu d'une population morne, silencieuse, courbée sur les ruines de ses maisons, et cherchant dans les cendres encore chaudes les restes en fusion des économies de l'année ou du salaire de la veille, ils verraient un sol débarrassé de ses débris et animé par le travail, la chaux qui s'éteint, le mortier qui se broie, les briques et les pierres qui se dressent en murailles, le bois qui se découpe en charpente et en plancher, de nouvelles maisons dont les unes commencent à sortir de terre, les autres s'élèvent jusqu'à la hauteur de leur toit, et dont plusieurs n'attendent plus, pour ouvrir leur porte à leur propriétaire, que le dernier coup de marteau du couvreur. Partout le mouvement, l'activité dans la rue, et sur les visages naguère si sombres et si désolés,

l'espérance qui renaît, et le sourire qui revient
avec elle.

« C'est qu'après le feu qui a tout détruit, la charité a passé par là.

« A la première nouvelle du malheur, au premier
cri de détresse, elle est accourue des communes
voisines avec du pain, du blé, de la farine, des
vêtements; elle a ouvert des souscriptions dans
les journaux; elle a quêté dans les églises, dans
les maisons; elle a organisé des concerts et des
fêtes, et personne n'a été sourd à sa voix. Les
plus petites communes ont répondu comme les
grandes villes; les plus pauvres habitants ont tenu
à apporter leur obole, et Mme la maréchale de Mac-
Mahon, toujours la première quand il s'agit de
secourir une misère et de réparer un malheur,
vient d'envoyer 25,000 francs.

« C'est ainsi qu'en peu de semaines la charité a
réuni assez d'argent, assez de matériaux et assez
d'ouvriers pour rebâtir, à chacun de ceux qui n'ont
plus rien, une maison en briques et couverte en
pannes.

« Elle peut espérer pouvoir y ajouter une petite
grange, l'étable de la vache, nourrice et fortune du
pauvre, le mobilier indispensable, et même après
avoir pourvu aux besoins des plus malheureux,
diminuer le dur sacrifice de ceux dont l'incendie a

compromis l'ancienne aisance. Dans quelques mois, que restera-t-il de cette terrible catastrophe ? Ce qui reste en France de toutes les grandes calamités et de tous les désastres, une amélioration et un progrès. Le village présentera l'aspect de la sécurité et la riante physionomie de la jeunesse. Des maisons commodes et solides protégeront mieux qu'autrefois contre les atteintes de la tempête et du feu; il restera aux victimes de l'incendie du 22 mai quelque chose encore, la pensée que chaque brique, chaque planche, chaque clou de ces maisons est le produit de la bonté et de l'affection de leurs frères, et une reconnaissance sans borne pour tous ceux qui, riches et pauvres, propriétaires et fermiers, hommes des villes et des campagnes, grandes dames et modestes ouvrières, gouvernement et municipalités, prêtres, soldats, écrivains, artistes, leur ont tendu la main pour sortir de l'abîme et leur ont rendu la propriété de la maison, l'abri du foyer domestique, la douce intimité de la famille, tout ce qui inspire des habitudes honnêtes, encourage au travail et fait trouver léger le poids du jour. »

Il semble qu'à ce moment Dieu ait jugé sa vie suffisamment remplie et mûre pour la récompense. Au commencement de l'hiver, la santé de sa femme avait contraint M. de Melun à s'éloigner pour chercher sous le ciel du Midi un climat plus doux.

Quand il revint au printemps, Mme de Melun était mieux, mais, lui, était mortellement atteint. On l'emmena à Passy, espérant que le repos et le bon air le remettraient. Dieu ne l'a pas permis, Dieu n'a pas voulu nous le laisser. Les rapides progrès du mal ne laissèrent au pieux malade aucune illusion, et il se prépara avec calme à la mort. Il s'éteignit doucement le 24 juin, muni des sacrements de la sainte Église, consolé au dernier moment par la bénédiction du souverain pontife que le cardinal Guibert lui envoya de Rome.

Ses obsèques à Paris, suivies par une foule innombrable où se mêlaient toutes les classes de la société, ont été un hommage solennel rendu à l'homme de bien dont toute la vie s'était dépensée au service de ses frères. Et quand sa dépouille mortelle fut transférée à Bouvelinghem, dans ce village qui lui devait sa résurrection, on eût dit une grande famille pleurant la mort de son père.

Et maintenant nous sommes à plaindre, nous qui restons et qui n'aurons plus pour nous guider cette main si ferme et ce cœur si chaud. Mais lui, ne le plaignons pas; il est parti les mains pleines de bonnes œuvres, et en arrivant là-haut il a trouvé comme cortége tous les pauvres qu'il a secourus, tous les enfants du peuple qu'il a sauvés, toutes les âmes qu'il a fortifiées par ses conseils et par ses exemples. Puisse cette pensée être une consolation pour sa famille en deuil et une force pour ceux qui ont à continuer ici-bas les œuvres qu'il a commencées !

N'était-ce pas d'ailleurs pour ceux-ci qu'il écrivait ces paroles si élevées et si chrétiennes, sous l'impression desquelles nous aimons à laisser le lecteur : « Comme il faut lever les yeux en haut et par delà cette terre, pour ne pas ensevelir ses pensées et la sérénité de son âme avec ceux que l'on voit disparaître et qu'on a tant aimés ! Mais Dieu, en nous rappelant que nous sommes poussière, nous dit en même temps que le souffle qui nous anime et qui vient de lui, retourne à lui, et qu'il est mieux placé entre ses mains que sous cette enveloppe si facilement, si subitement brisée. Mon âme est triste, mais résignée à ces coups de la Providence qu'il faut savoir aimer dans ses sévérités. »

A. Quantin imprimeur
S. Benoit, 7, à Paris.

www.ingramcontent.com/pod-product-compliance
Lightning Source LLC
LaVergne TN
LVHW020043090426
835510LV00039B/1380